J'ai un frère

1ère Partie, Unité 5

Barbara Scanes

Vocabulaire

tu as?	have you (got)?
des frères	some brothers
des sœurs	some sisters
ou	or
une sœur	a sister
une petite sœur	a little sister
un frère	a brother
deux frères	two brothers
elle a trois ans	she is three (years old)
je voudrais	I would like
c'est qui?	who is that?/who is it?
mon frère	my brother
il est	he is
bête	silly
être	to be
enfant unique	only child